THÈSE

DE

LICENCE.

FACULTÉ DE DROIT DE TOULOUSE.

ACTE PUBLIC

POUR

LA LICENCE

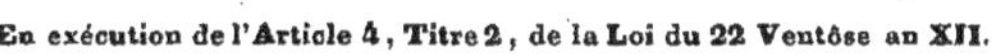

En exécution de l'Article 4, Titre 2, de la Loi du 22 Ventôse an XII.

SOUTENU

Par M. BORDES (Ernest-Jean-Camille),

Né à Prades (Pyrénées-Orientales).

TOULOUSE,

Typographie Troyes OUVRIERS REUNIS,

Rue Saint-Pantaléon, 3.

1859.

A LA MÉMOIRE DE MON PÈRE!

A MA MÈRE.

A MA SOEUR, A MON FRÈRE.

A mes Parents et Amis.

Jus Romanum.

De obligatione purâ, in diem, sub conditione. — De obligatione alternativâ.

Inst. Just. Lib. III, Tit. XV, §§ 2, 6. — L. 8, Dig. Lib. XVIII, Tit. VI. — L. 95 Princip. et § 1. — Dig. Lib. XLVI, Tit. III.

Definita est obligatio juris vinculum, quo necessitate adstringimur alicujus solvendæ rei secundum nostræ civitatis jura (Inst. lib. III, tit. XIII, princip.).

« Verbis obligatio contrahitur ex interrogatione et responsione, cum quid dari fierive nobis stipulamur. » Interrogationi nomen datum est *stipulatio;* responsioni, *promissio.* Qui interrogat stipulator, aut *reus stipulandi* appellatus est; qui respondet, *promissor* aut *reus promittendi.* Indè, stipulatio pars solummodo est actus ex quo nascitur obligatio. Sic enim ait Paulus: stipulatio est verborum conceptio ad quam quis congruè interrogatus respondet veluti: *spondes? spondeo;* promittis? promitto; fidei tuæ erit? Fidei mei erit (Sent. 2, 3). Usus tamen est stipulationem vocare actum ipsum ex quo nascitur obligatio.

Omnis stipulatio aut purè contrahitur, aut in diem aut sub conditione.

De obligatione purâ.

Purè stipulatio contrahitur, si nec dies nec conditio adjiciatur, veluti quinque aureos mihi dare spondes? Ex causa mutui hujus stipulationis dies statim cedit et venit, id est, statim debitum peti potest. Modicum tamen tempus statuendum est non minùs decem dierum, ut exigi possit quod promissum est, quia incivile esset stipulatorem cum sacco venire.

Aliquandò dilationem reipsa exigit stipulatio, veluti si quis fructus nascituros stipulatus sit; vel aliquandò ex adjectione loci in quo solutio fieri debet, ut, si quis Romæ ità stipuletur Carthagine dare spondes?

De obligatione in diem.

In diem, si dies adjiciatur : decem aureos primis calendis Martii dare spondes? Hujus stipulationis dies statim cedit, venit tantum ab eventu diei. Sed si dies adjiciatur tanquam terminus ad quem, sicut decem aureos annuos quoàd vivam dare spondes? Pura est obligatio et perpetua ipso jure, quià tempus non est modus tollendæ obligationis, si tamen hæres stipulatoris petat, repelletur exceptione pacti conventi.

De obligatione sub conditione.

Sub conditione stipulatio fit, cum conditio adjiciatur : Si Titius consul factus fuerit decem aureos dare spondes? Hujus stipulationis dies et venit tantum post impletam conditionem, si fit affirmativa et possibilis. Si enim sit negativà non cedit nec venit ante mortem illius cui adscripta est.

Quod si sub conditione res venierit, si quidem defecerit conditio ; nulla est emptio, sicuti nec stipulatio. Quod si pendente conditione, emptor vel venditor decesserit, constat, si exstiterit condictio heredes quoque obligatos esse, quasi jam contracta emptione in præteritum. Quod si pendente conditione res tradita sit, emptor non poterit eam usucapere pro emptore, et quod pretii solutum est, repetetur, et fructus medii temporis venditoris : sicuti stipulationes, et legata conditionalia perimuntur, si pendente conditione, res extincta fuerit. (Lex 8, Dig. Lib. XVIII, t. VI.)

Si quis ità stipuletur, si in Capitolium non ascendero dare spondes ? Perinde erit si stipulatus esset, cum morietur sibi dari. Ex conditionali stipulatione tantum spes est debitum iri eam que ipsam spem in heredem transmittimus, sic priusquam conditio existat, mors nobis contigerit.

Natura conditionis ea est quod actum suspendat in futurum eventum. Ergo si referatur ad tempus vel præsens, vel præteritum, non est proprie conditio, veluti : si Titius consul fuit, vel si Mævius vivit dare spondes ? Statim valet stipulatio, vel non valet, quamvis contrahentes ignorent quæ enim per rerum naturam sunt certa non morantur obligationem, licet nobis incerta sint. (Inst. Just. Lib. III, Tit. XV § VI).

De obligatione alternativâ.

Alternatæ obligationes sunt, in quas duæ res pluresve ita deducuntur ut nulla ex his determinata debeatur, aut quem promissor dari elegerit aut quæ sola superfuerit. Interdum tamen non promissoris sed stipulatoris electio est, utra debeatur ; scilicet si convenerit ut stipulatoris electio est. Convenit autem, non solum adjectis his verbis, puta, hominem quem voluero, aut his quem volam : sed etsi stipulatus fuero, per te non fieri quominus hominem ex his quos habes sumam ? Electio mea erit.

Si quis stipulatus sit, Stichum aut Pamphilium, utrum ipse vellet : quem elegerit, petet, et is erit solus in obligatione. An autem mutare voluntatem possit, et ad alterius petitionem transire, quœrentibus respiciendus erit sermo stipulationis, utrum ne talis sit, quem voluero, an quem volam? Nam si talis fuerit, quem voluero, cum semel eligerit, mutare voluntatem non poterit. Si vero tractum habeat sermo illius, et si talis, quem volam donec judicium dictet, mutandi potestatem habebit.

Etiam in obligatione alternativa sciendum est cujus aut creditoris aut debitoris sit electio inter duas res promissas. Si quis Stichum aut Pamphilum dare promiserit, si alter decesserit, eum qui vivit præstare debebit, etsi posteà alter quoque decesserit, nihil ex stipulatu peti poterit. Attamen si debitoris culpa quædam esset, doli actio non immerito desiderabitur. Quod non erit, si fidejussor promissum hominem interfecisset, quia enim fidejussor ex stipulatu actione solum tenetur.

Quod si creditoris esset electio : altero mortuo, qui vivit solus petetur, nisi mora facta sit in eo mortuo quem petitor eligit. Enim vero si mora facta fuisset, æstimationem defuncti creditor qui petere poterit. Mora enim pro culpa habetur ; et creditor jam eligit rem præstandam non culpam ferre debet debitoris. (Lex 95, princip et § 1. Dig. Lib. XLVI, Tit. 3).

———

Code Napoléon.

Livre III, Titre III.

Des contrats.

(Articles 1234 à 1314.)

« L'obligation, a dit l'orateur du Gouvernement au Tribunat, est » un lien de droit, ce lien existe dans toute sa force, jusqu'à ce qu'il » soit légalement dissous. »

Nous n'avons pas à nous occuper des causes spéciales qui peuvent éteindre une obligation dans tel ou tel cas particulier, nous n'avons à présenter que les causes générales d'extinction énumérées à l'art. 1234 du Code Napoléon.

La loi reconnaît neuf manières d'éteindre les obligations; les sept premières qui sont l'objet de cette thèse forment autant de sections; la huitième est la condition ou le terme résolutoire; la neuvième est la prescription qui fait l'objet d'un titre particulier.

Section Ire.

Du paiement.

Sous cette rubrique, le Code comprend non-seulement le paiement proprement dit, mais encore les offres qui tiennent lieu de paiement lorsqu'elles sont valables et suivies de consignation, et même la cession de biens qui ne se rattachent que très-indirectement à l'idée du paiement.

§ 1er. *Du paiement en général.*

Le paiement est l'accomplissement réel de ce qu'on s'est obligé de donner ou de faire. *Solutio est præstatio ejus quod in obligatione est.*

Tout paiement suppose une dette ; conséquemment, ce qui a été payé, par indû, peut être répété... Ce qui a été payé, par indû, est donc sujet à répétition. — La répétition n'est pas admise à l'égard des obligations naturelles, qui ont été volontairement acquittées, parce que le débiteur a eu un juste motif pour payer, celui de décharger sa conscience.

Le paiement d'une dette peut être fait par toute autre personne que le débiteur, et même par celle qui n'avait aucun intérêt à acquitter cette dette ; le débiteur sera alors libéré par ce paiement, sauf à se voir soumis à une nouvelle dette envers la personne qui aura satisfait pour lui son créancier. Il se trouve des cas où le créancier a intérêt à ce que la dette soit payée par le débiteur : dans cette position, aux termes de l'art. 1237, une tierce personne n'a pas qualité pour effectuer un paiement.

S'il s'agit d'un paiement qui doit transférer la propriété de l'objet donné en paiement, il faut, pour être valable, qu'il soit fait par une personne propriétaire de l'objet et capable de l'aliéner. Si elle n'était pas propriétaire, le créancier ne pourrait acquérir la propriété que par la prescription, qui aurait lieu immédiatement pour les meubles non perdus ni volés, suivant la règle écrite dans l'art. 2279 ; mais pour les immeubles, il pourrait être évincé jusqu'à ce que la prescription fût acquise. Une fois cette prescription accomplie, il pourrait garder l'objet ; mais rien ne l'y forcerait, et il ne dépendrait que du créancier de forcer le débiteur à lui livrer un objet dont il fût propriétaire ; si celui qui a livré la chose était incapable de l'aliéner, il pourrait critiquer ce paiement, s'il y avait un intérêt.

En général, pour que le paiement soit valable, il doit être fait au créancier, ou à celui qui a pouvoir de recevoir pour lui ; que ce pouvoir soit conféré par la loi, la justice ou la volonté du créancier, peu importe, et même si le paiement a tourné au profit du créancier ou qu'il l'ait ratifié plus tard, il est valable, quoique celui à qui il a été fait, n'eût pas de pouvoir pour le recevoir. Bien plus, si le débiteur est de bonne foi et qu'il paie le possesseur de la créance ou créancier putatif, la loi déclare le paiement valable. Au contraire, si le créancier était incapable de recevoir, qu'il fût mineur ou interdit, il ne serait pas valable, et la demande d'un nouveau paiement ne pourrait être repoussée que par l'exception de dol, si la chose payée avait tourné au profit du créancier.

On ne peut pas non plus payer utilement un créancier au préjudice d'une saisie-arrêt ou opposition légalement formée. Le débiteur serait forcé à payer de nouveau, sauf son recours contre le créancier.

C'est identiquement la chose promise en paiement qui doit être livrée, et on ne peut contraindre le créancier à recevoir une chose pour l'autre, ni le prix pour la chose, ni un fait pour un autre fait.

Tout paiement doit être fait en entier, et on ne peut pas forcer le créancier à recevoir par fraction ; seulement s'il y a plusieurs créances distinctes, le débiteur peut payer l'une sans l'autre. Tout paiement doit être fait en général au domicile du créancier, sauf la délivrance d'un corps certain, qui doit être faite au lieu où il se trouvait au moment de la convention, à moins toute stipulation contraire. Les frais du paiement sont à la charge du débiteur, si toutefois le créancier n'est exclusivement intéressé au paiement de la dette.

§ 2. — *Du paiement avec subrogation.*

En Droit Romain, la subrogation était une fiction : on disait que le créancier n'avait pas reçu ce qui lui était dû par le débiteur, mais le prix de sa créance, de sa cession. *Non solutum accepit, sed quodam modo nomen debitoris vendidit*, et Renusson disait : *Non est vera cessio, sed cessio fictiva.*

Cette fiction est passée dans notre Droit, après avoir été dans le Droit coutumier (Pothier, *Traité des oblig.* 3e partie)

Le paiement par subrogation est celui qui est fait par un autre que le débiteur, et qui laisse subsister les garanties accessoires de la dette tout en l'éteignant, garanties qui sont portées sur la nouvelle créance qui naît au profit de celui qui a payé.

La subrogation peut être conventionnelle ou légale, selon qu'elle découle de la convention des parties ou de la loi.

Subrogation conventionnelle. — La subrogation conventionnelle peut se faire : 1o entre le créancier et un tiers, sans le consentement du débiteur ; 2o entre le débiteur et un tiers, sans le consentement du créancier.

Deux conditions seulement sont nécessaires pour la validité de la subrogation par le créancier. La première, c'est que la subrogation soit formellement exprimée dans la convention, la loi n'admettant pas la subrogation tacite ; la seconde, c'est que la subrogation soit faite au moment du paiement. Ainsi la convention et la subrogation doivent être relatées dans l'acte même qui est dressé pour constater le paiement, c'est-à-dire dans la quittance qui peut être sous seing-privé ou authentique. Si le paiement était fait et la quittance donnée, on ne pourrait pas subroger à une chose sur laquelle on n'aurait plus de droit, puisque la snbrogation doit s'accomplir au moment du paiement ; rien ne s'oppose à ce que cette subrogation soit convenue avant le paiement.

Voilà les deux seules conditions qu'exige la loi. Quant à la remise des titres, à la signification au débiteur, ces formalités qui sont de la prudence, ne peuvent nuire en rien à la validité de la subrogation, lorsqu'on ne les a pas remplies. Le subrogeant, en effet, va-t-il de mauvaise foi vendre la créance à laquelle il a subrogé ? La date certaine de l'acte de subrogation, en mettant à couvert le paiement que le débiteur, simulant d'ignorer la subrogation, ferait entre les mains du subrogeant, serait inopposable, quand même on ne lui en aurait donné connaissance que par lettre ou verbalement, si un écrit ou l'aveu de ce débiteur le prouvait (1250).

Un tiers ne peut jamais forcer le créancier à le subroger, il peut le contraindre, comme nous l'avons dit, à recevoir le paiement; mais la subrogation ne pouvant s'opérer que par convention et par consentement mutuel, il est évident qu'on ne peut jamais contraindre le créancier à subroger. (1236).

Deux conditions sont aussi nécessaires pour la subrogation faite par le débiteur. 1o Il faut qu'il constate par un acte qui, à la différence de celui établi entre le créancier et un tiers, doit être authentique, qu'il emprunte à un tiers l'argent pour acquitter la dette; 2o que dans la quittance, également notariée, il fasse connaître que le paiement a été fait avec l'argent qu'il a emprunté au tiers. De là, résulte la subrogation sans qu'elle soit formellement exprimée (1250).

Cet article a été copié dans le réglement de 1690.

Subrogation légale. — La subrogation légale a lieu : 1o au profit de tout créancier qui en paie un autre, celui ci ayant sur lui quelque cause de préférence, les deux créanciers ayant le même débiteur; 2o au profit de l'acquéreur d'un immeuble qui emploie le prix de cette acquisition au paiement des créanciers auxquels cet héritage était hypothéqué; 3o au profit d'une personne qui paie une dette qu'elle avait intérêt d'acquitter, soit à titre de solidarité, soit à tout autre titre, comme la caution; 4o au profit de l'héritier bénéficiaire qui paie les dettes de la succession de ses deniers propres (1251).

Effets de la subrogation. — La subrogation conventionnelle ou légale produit son effet tant à l'égard des cautions qu'à celui des débiteurs

(1252). Elle confère tous les droits du créancier au débiteur, sauf conventions contraires et les exceptions prévues par les art. 1214, 1216, 2033 du Code Napoléon.

La subrogation conventionnelle ou légale ne peut plus nuire au créancier, lorsqu'il n'a été payé que d'une partie de la dette; car il peut, par préférence au subrogé, exercer tous ses droits, pour ce qui lui reste dû, différence remarquable qui existe entre la subrogation et la cession de créance. Les cautions, tiers ou ayant-cause du débiteur, étant liés par la subrogation, en ce qui touche le privilége de sûreté de la créance, peuvent donc opposer au subrogé toutes les exceptions qui leur étaient acquises contre le créancier primitif.

§ 3. — *De l'imputation des paiements.*

Les articles du Code qui se rapportent à ce paragraphe ont été presque entièrement copiés dans la loi romaine au titre de *Solutionibus*. Pothier, dans son *Traité des Obligations*, nous fait voir les rapprochements qui existaient entre le Droit ancien et la loi romaine; rapprochement qui est passé dans nos lois.

Un débiteur peut être tenu de plusieurs dettes envers le même créancier; alors si la somme qu'il paie n'est pas assez forte pour les acquitter toutes, il faut savoir sur laquelle ce paiement sera imputé.

En règle générale, le débiteur peut se libérer, malgré le créancier, et s'il est grevé de plusieurs dettes envers ce même créancier, il peut éteindre, par le paiement qu'il fait, la dette qu'il préfère ne plus exister (1253). Mais il n'en est pas ainsi, si le débiteur n'offre qu'une fraction de paiement; le créancier pouvant alors refuser cette fraction, il est maître, s'il la reçoit, de l'imputer sur la dette qu'il voudra. La quittance que le créancier donne au débiteur peut dire sur quelle dette l'imputation a été faite, et elle fait foi, sauf le cas de fraude ou de surprise (1251). Lorsque la quittance ne porte aucune imputation et qu'on ne peut l'induire d'un acte ou d'aucune autre circonstance, la loi indique le mode d'imputations selon les présomptions (1256.) Ainsi, si toutes les dettes sont échues, ou si aucune ne l'est, c'est sur la plus onéreuse qu'est faite l'imputation ; si elles sont toutes également onéreuses, pour les dettes échues, sur la plus onéreuse ; pour celles non échues, sur la plus près d'échoir ; toutes choses égales, sur toutes les dettes également.

§ 4. — *Des offres de paiement et de la consignation.*

Lorsqu'un créancier refuse, sans juste motif, de recevoir le paiement, le débiteur ayant intérêt à se libérer, peut se procurer les mêmes avantages en faisant au créancier, mis en demeure de recevoir, des offres réelles et en se saisissant de la chose par la consignation chez le receveur-général dans les chefs lieux de département, chez le receveur particulier, dans les chefs-lieux d'arrondissement.

Le créancier aurait un juste motif de refuser si on lui offrait un paiement irrégulier et non valable, mais il ne peut pas le faire si les offres réelles, c'est-à-dire par un huissier ou un notaire, sont faites conformément à l'art. 1258 du Code Napoléon.

Il faut : 1o un créancier ayant capacité de recevoir ou à son fondé de pouvoir ; 2o une personne capable de payer ; 3o la totalité de la somme exigible ; 4o l'échéance du terme stipulé dans l'intérêt du créancier ; 5o l'échéance de la condition sous laquelle la dette a été contractée ; 6o un lieu choisi par les parties pour le paiement ou bien à la personne et au domicile du créancier, à défaut de désignation du lieu ; 7o enfin, par le ministère d'un officier public ayant caractère pour ces sortes d'actes.

Deux circonstances peuvent se présenter : le créancier accepte-t-il les offres réelles, on lui fait faire sommation de se présenter à jour et heure indiqués à la caisse des dépôts et consignations pour y recevoir la somme offerte ? Refusera-t-il ? la même sommation lui est faite pour consigner la somme. Si le créancier fait défaut, le débiteur se dessaisit de toute la somme, y compris les intérêts qui ont couru depuis le jour des offres ; cette somme est versée à la caisse des consignations. Un nouveau procès-verbal fait par les mêmes officiers ministériels désigne la valeur des espèces, le défaut du créancier et le dépôt des sommes; signification de ce procès-verbal est fait au créancier.

Les frais des offres réelles et de la consignation sont à la charge des créanciers. Si elles sont valables (1260), le débiteur peut retirer la consignation, tant que le créancier ne l'a pas acceptée; mais s'il la retire, ses codébiteurs et cautions ne sont pas libérés.

Une autre distinction peut se présenter, lorsque les offres réelles ont été faites au créancier; on peut se demander la conduite à suivre au cas où le créancier est obligé de se rendre au lieu de la livraison, et celle à tenir lorsque le débiteur est obligé d'aller porter la chose chez son créancier. Dans le premier cas, après sommation, le débiteur transporte l'objet des offres réelles dans le lieu convenu, et si le créancier ne se présente pas pour recevoir, les frais sont à sa charge.

Dans le second cas, le débiteur va chez le créancier : s'il refuse, le débiteur dépose l'objet des offres dans le lieu le plus rapproché, et après sommation faite au créancier de venir l'y prendre, il se trouve libéré, pourvu qu'il y ait acceptation postérieure au jugement validant le fait. En cas de refus de la part du créancier, les frais sont encore à sa charge. Ces règles n'offrent pas plus de difficultés, lorsque ce sont des choses indéterminées, que lorsque c'est un corps certain, par cette raison que du moment où des choses indéterminées sont désignées dans la sommation, elles deviennent corps certain.

§ 5. — *De la cession de biens.*

La cession de biens, qui a pris naissance dans la loi Julia, portée par Jules César ou Auguste, n'est pas, à proprement parler, un mode de paiement, puisqu'elle consiste à un abandon fait par le débiteur au créancier, de tous les biens, lorsqu'il est hors d'état de payer ses dettes. (1265).

Comme la cession de biens ne désintéresse pas intégralement les créanciers, il peut se faire qu'ils la refusent. Quand ils ont affaire à un débiteur de mauvaise foi, qui veut leur faire perdre leur créance, ils ont le droit de refuser ; mais si le débiteur malheureux veut, par ce moyen, libérer sa personne, la loi vient à son secours en forçant les créanciers à accepter cette cession comme paiement. De là une distinction établie par la loi entre la cession volontaire, qui a lieu lorsque les créanciers acceptent simplement, et la cession judiciaire qui leur est imposée.

La cession judiciaire ne confère pas aux créanciers la propriété des biens cédés, elle leur donne seulement le pouvoir d'en percevoir les revenus jusqu'à la vente de ces biens. Le Code de Procédure Civile, dans les art. 898 et suivants, nous donne les formes à suivre pour l'obtenir, et dans l'art. 905, ceux qui jouissent de ce bénéfice. Au snrplus, par la cession de biens, le débiteur n'est pas libéré ; si ses biens sont insuffisants, et s'il lui en survient d'autres, il doit les abandonner jusqu'au paiement intégral.

Section II. — *De la novation.*

Le second mode d'extinction des obligations est la novation.

La novation, d'après Pothier, est la substitution d'une dette nouvelle à une ancienne dette.

La novation peut s'opérer de trois manières : 1° par simple changement de la dette ; 2° par le changement du débiteur ; 3° par le changement du créancier. Il est évident qu'une seule de ces trois causes pouvant opérer la novation, les trois peuvent, *à fortiori*, concourir pour la former.

Pour que la novation s'accomplisse, il est indispensable que deux obligations soient en jeu, puisque la novation est l'extinction d'une obligation par une nouvelle ; d'un côté celle qui doit être éteinte et de l'autre celle qui doit éteindre l'obligation existant déjà.

Actuellement, si la première obligation n'avait pas une existence légale, la seconde, qui n'était contractée qu'en tant qu'elle devait remplacer la première, n'existerait pas, et la novation se trouverait non-avenue ; mais si c'était la seconde qui n'eût pas d'existence juridique, la première existerait toujours et la novation, pas plus ici que dans le cas précédent, ne pourrait avoir lieu ; car de la validité de la seconde obligation dépendait l'extinction de la première. Ce que nous venons de dire n'implique pas que, si ses deux obligations sont nécessaires, il faut que leur existence soit parfaite et irrévocable. Ainsi l'une des obligations peut être annulable, la novation existe jusqu'à l'annulation, si elle vient à être prononcée, mais elle existe jusqu'alors, puisque l'obligation annulable produit tous ses effets tant qu'elle dure.

Quand l'une des deux obligations, par exemple, se trouve radicalement nulle, comme contraire à l'ordre public, il est évident qu'il ne peut y avoir novation.

Il est certains cas où la novation peut couvrir la nullité de l'obligation première. Ainsi un débiteur connaît la nullité de l'obligation de son créancier, et il veut par une nouvelle obligation couvrir cette nullité, la novation a lieu, elle est inattaquable, si, au lieu d'être débiteur, c'est un tiers qui fait novation ; elle sera nulle, s'il n'avait pas connaissance de la non-existence légale de la première obligation; mais s'il n'ignorait pas cette nullité et qu'après il fît une novation, elle serait valable.

Si au moment de la novation la nullité de la première obligation était prononcée, et que la novation fût faite par le débiteur, il est évident que par cet acte il se reconnaîtrait redevable envers le créancier et que la novation serait valable. Il en serait de même à l'égard d'un tiers ayant connaissance de l'annulation de l'obligation.

La loi, par une faveur toute d'exception, a permis aux parties contractantes dans une novation, de transporter les priviléges ou hypothèques de la première à la seconde; mais pour que ce transport soit valable, il faut qu'il soit fait au moment de la novation. La loi ne peut pas permettre, si un tiers faisait la novation, de faire remonter l'hypothèque à une époque où la dette n'existait pas pour le nouveau débiteur, et, partant, laisser primer les hypothèques des créances que pourrait avoir le nouveau débiteur au moment de la novation.

Section III.

De la remise de la dette.

Les obligations peuvent être éteintes par le même consentement qui les a formées. Tel est le principe de la remise de la dette qui peut avoir lieu à titre gratuit ou onéreux.

Toute remise de la dette suppose une libéralité ou un paiement. En cas de libéralité, si elle est constatée, elle ne peut être attaquée qu'autant qu'elle a été faite en fraude des prohibitions de la loi.

La remise de la dette peut être expresse ou tacite. On prouve, selon les règles de la libération, la remise expresse.

Les art. 1282 et 1283 nous apprennent les cas dans lesquels elle est tacite ou légalement présumée. La présomption légale ne peut être détruite qu'en prouvant que la remise du titre n'a pas été volontaire. Tous les codébiteurs se trouvent libérés par la remise ou décharge conventionnelle au profit de l'un de leurs codébiteurs, à moins que le créancier n'ait expressément réservé ses droits contre les autres débiteurs, et alors il ne pourra plus répéter la dette que déduction faite de la part de celui auquel il a fait la remise.

Les cautions se trouvent libérées par la remise de la dette faite au débiteur ; mais le débiteur, ni les autres cautions, s'il y en a plusieurs, ne se trouvent pas libérés par la remise de la dette faite aux cautions ou à l'une d'elles (1287).

Section IV.

De la compensation.

Deux personnes sont personnellement débitrices l'une de l'autre ; ces deux personnes ayant plus d'intérêt à ne rien débourser qu'à payer d'un côté pour recevoir de l'autre, les deux dettes s'éteignent mutuellement. Tel est le principe de la compensation.

La compensation est *légale* ou *facultative; légale*, lorsque les conditions que demande la loi se trouvent réunies ; la compensation a lieu de plein droit, même à l'insu des débiteurs. Lorsqu'une de ces conditions manque, elle ne peut avoir lieu que lorsque les parties ayant la faculté de l'opérer la demandent ; alors elle est *facultative*.

De la compensation légale. — Les conditions que demande la loi pour la compensation légale sont au nombre de quatre : 1° il faut que les deux personnes soient bien débitrices l'une de l'autre ; ainsi une personne est débitrice d'une succession et l'héritier est son débiteur. Si l'héritier n'est qu'héritier bénéficiaire, la compensation légale ne peut avoir lieu, car c'est à la succession et non à l'héritier que vous devez ; 2° il faut que les objets des deux dettes soient exactement fongibles entr'eux. On sait très-bien que la compensation, qui est de sa nature un paiement fictif, ne peut avoir lieu si les objets de deux dettes ne sont pas identiques ; 3° il faut que les dettes soient liquides, c'est-à-dire que non-seulement elles aient une existence certaine, mais encore que leur quotité soit déterminée : *cum certum sit an et quantum debeatur*. Ainsi, si l'existence de la dette était contestée ou toute autre chose, la compensation légale n'aurait pas lieu ; 4° enfin, qu'elles soient exigibles toutes deux. Une dette à terme ne peut pas être compensée avec une dette exigible. Bien entendu que nous n'entendons pas parler du terme de grâce qui est accordé par le juge au débiteur qui est dans l'impossibilité d'acquitter sa dette. Ce terme ne peut être invoqué lorsque le débiteur peut se libérer sans faire un paiement réel, sans rien débourser, alors que la compensation lui offre un moyen facile de se libérer (1292).

Lorsque deux choses dues sont compensables, peu importe leur origine ; il importe peu que les deux dettes soient payables à différents lieux, sauf à la partie qui aurait eu le plus de frais à en tenir compte à l'autre (1296).

Malgré le concours des conditions que nous venons d'exposer, il y a obstacle à la compensation légale à raison de la cause des dettes dans les cas prévus par l'art. 1293.

Si les parties ont renoncé à l'avance à la compensation de certaines dettes, la compensation légale n'aura pas lieu, puisqu'elle n'a été établie que dans un but d'intérêt privé.

La loi voit une renonciation au bénéfice de la compensation dans l'acceptation pure et simple du débiteur de la cession de sa dette que fait le créancier, tout comme elle la voit dans le paiement qu'il fait de sa dette éteinte par la compensation. Il suit de ce principe que les deux dettes sont éteintes par la compensation; que le cessionnaire dont la cession a été acceptée purement et simplement par le débiteur n'acquiert qu'une nouvelle créance et qu'il ne peut jamais exercer aucune des garanties de l'ancienne; — que si, au lieu d'acceptation pure et simple, il y a eu signification au débiteur, ou acceptation avec réserve expresse, le bénéfice de la compensation existerait en entier, et le cessionnaire n'acquerrait aucun droit contre le débiteur cédé.

Les règles d'après lesquelles se fait l'imputation du paiement, lorsque le débiteur et le créancier ne l'ont pas expliqué, sont applicables pour la compensation dans le cas où l'une des parties se trouve avoir envers l'autre plusieurs dettes compensables (1295, 1297, 1299).

La caution qui ne peut demeurer obligée, quand le débiteur principal ne l'est plus, peut opposer la compensation entre les dettes dont il a répondu et celles du créancier. Mais le débiteur principal ou solidaire ne peut opposer la compensation de ce que le créancier doit à la caution ou au codébiteur (1294).

De ta compensation facultative. — La compensation facultative produit les mêmes effets que la compensation légale; la seule différence c'est qu'elle ne s'opère que par la volonté et sur la demande de la partie, au pouvoir de laquelle se trouve la faculté de réaliser les conditions qui manquaient à la compensation légale.

Section V.

De la confusion.

Comme cause d'extinction des obligations, la confusion est le concours sur la même tête de deux qualités incompatibles, celle de créancier et de débiteur, dont l'une détruisant l'autre, rend l'obligation impossible.

Qu'une des parties ayant les deux qualités incompatibles succède l'une à l'autre, ou qu'un tiers succède à ces deux personnes, alors a lieu la confusion.

La confusion peut ne pas être irrévocable ; si un héritier par exemple fait déclarer son acceptation nulle pour causes légales, ou qu'il soit évincé par un héritier plus proche, ces deux qualités, un moment réunies, se séparent et la dette est censée avoir toujours existé.

La confusion qui s'opère dans la personne du débiteur, profite à ses cautions, mais celle qui s'opère dans la personne de la caution ne libère pas le débiteur, et celle qui s'opère dans la personne du créancier ne profite à ses codébiteurs solidaires que pour la part qu'il devait (1300—1301).

Section VI.

De la perte de la chose due.

Personne ne pouvant être tenu à l'impossible, toute obligation s'éteindra, quand il y aura impossibilité de l'exécuter. Si cette impossibilité vient de la faute du débiteur, ou s'il s'est chargé des cas fortuits, l'obligation s'éteint pour faire place à une dette de dommages-intérêts.

Le débiteur en demeure étant, par cela même, en faute, est tenu des dommages-intérêts, à moins que la chose n'ait dû périr dans les mains du créancier, tout comme dans celles du débiteur. Si cependant il s'était chargé des cas fortuits, il serait responsable.

Le voleur, étant toujours en demeure, ne saurait généralement être libéré par la perte de la chose, de *quelque manière qu'elle arrive.*

Le débiteur ne peut pas être libéré par la perte partielle de la totalité de la dette, et tous les droits et actions en indemnité qu'il aura par rapport à cette chose, il doit les céder à son créancier.

Section VII.

De l'action en nullité ou rescision des conventions.

La septième et dernière cause d'extinction d'obligation que nous ayons à traiter, est, dit la loi, la nullité de l'obligation.

La nullité est le cas d'une prétendue obligation dont l'existence légale n'a de réel que l'apparence, l'obligation que l'on prétend exister et qui n'existe pas par quelque circonstance.

La nullité improprement dite, que nous appellerons *annulation* ou *annulabilité*, est le cas d'une obligation existant légalement, mais ayant une existence vicieuse, et qui produira ses effets jusqu'à ce que le juge, sur la demande de la partie intéressée, l'aura anéantie. Il est clair que la loi n'a pas voulu parler, en se servant du mot de *nullité*, de la véritable nullité, car on ne saurait abolir ce qui n'existe pas; elle n'a voulu parler que des obligations vicieuses, comme cela résulte clairement du rapport qui fut fait au Tribunat : « Pour qu'une convention » soit obligatoire, dit l'orateur, il ne suffit pas qu'elle ait les apparen- » ces extérieures d'une convention, il faut qu'on y trouve tout ce qui » est nécessaire *pour la réalité d'une convention*. Une cause illicite vicie- » rait tellement la convention, qu'un laps de temps ne pourrait la rendre » valable : *il n'y a pas eu de contrat*. Si la convention n'avait pas d'objet » (et un objet licite), il serait bien impossible qu'en aucun temps elle » produisît obligation : *ce ne serait pas non plus un contrat*. Les incapa- » bles de contracter ne peuvent être forcés à remplir leurs engagements; » ils ont la faculté *de les faire annuler*. Mais s'ils renoncent à l'exercer » ou s'ils ne le font pas dans les formes et délais voulus par la loi, » *l'engagement doit être exécuté*. Enfin il n'y a pas de consentement » verbal, si ce consentement n'a été donné que par erreur, extorqué » par violence, ou surpris par dol; mais celui qui prétend avoir été » trompé, forcé ou surpris, doit le prouver; c'est une exception dont « il doit user : et s'il n'en use pas, *l'engagement reste dans toute sa force*.

» L'action en nullité ou en rescision ne s'applique donc qu'aux cas où » la convention peut produire une action. »

Nous savons que les principales causes d'annulation des obligations sont : le dol, l'erreur ou la violence, l'incapacité de l'interdit et de la femme mariée, la lésion.

Chez le mineur non émancipé pour les actes qu'il aura faits seul, pour le mineur émancipé, lorsqu'il agit sans son curateur, et pour le majeur, lorsque dans un partage, il est lésé de plus des trois quarts et que, dans une vente, il l'est de plus des sept douzièmes.

Nous voyons donc qu'il est inexact de dire que la minorité est un cas d'incapacité ; elle n'est qu'une cause de rescision pour lésion.

Si le mineur a été lésé pour des causes résultant d'un événement casuel et imprévu, il n'est pas restituable (1306). Le mineur prouvant qu'il a été lésé, pourrait faire annuler l'acte qu'il aurait consenti, alors même que dans cet acte il se serait dit majeur ; c'était à la partie qui contractait avec lui à avoir moins de confiance et à s'assurer de la vérité de ce qu'il avançait. (1307).

Mais si le mineur avait trompé l'autre partie sur son âge par des manœuvres frauduleuses, il ne serait plus restituable contre les obligations résultant de son délit ou quasi-délit.

Le mineur n'est point restituable contre les engagements qu'il a pu faire pour son commerce, contre les conventions portées sur son contrat de mariage, alors qu'il était assisté et qu'il a eu le consentement des personnes dont l'autorisation est requise sous la validité du mariage ; alors que devenu majeur, il a ratifié l'engagement qu'il avait souscrit en minorité, que l'engagement fût nul dans la forme ou qu'il eût seulement pu demander la restitution. (1308, 1309, 1311).

Lorsque, soit par l'aliénation des immeubles, soit dans un partage de succession, les formalités requises à l'égard du mineur et interdit ont été remplies, le mineur ou l'interdit ne peuvent pas revenir sur ces actes ; ils sont considérés comme les ayant faits en majorité, ou avant l'interdiction (1314).

Délai de l'action en nullité. — La loi devait voir une ratification tacite d'un engagement, dans le silence prolongé de cette partie qui pouvait demander l'anulation ; elle a donc dû limiter la durée de l'action et cette durée est fixée à dix ans. Ce délai commence à courir du jour où la cause de l'annulation ou de la rescision aura cessé (1304).

Effets de l'annulation. — Lorsque le juge a prononcé l'annulation, l'acte est anéanti ; les choses reviennent à leur état primitif, et les parties sont dans la nécessité réciproque de se restituer ce qu'elles ont pu recevoir en exécution de l'acte annulé. Mais il y a une exception pour les mineurs, les interdits et les femmes mariées ; ils ne sont tenus de restituer que ce dont l'adversaire prouve qu'ils ont vainement profité. (1312).

POSITIONS.

I. — Le paiement opéré par un tiers étranger opère-t-il subrogation? — Non.

II. — La novation s'opère-t-elle pour toute espèce de dette? — Non.

III. — Deux dettes nées du même contrat s'opposent-elles à la compensation? — Oui.

IV. — La caution ayant succédé au créancier, la dette existe-t-elle à l'égard du débiteur? — Oui.

V. — Le voleur répond-il des cas fortuits? — Oui.

VI. — Existe-t-il une différence entre les contrats nuls et les contrats annulables? — Oui.

VII. — Les contrats des mineurs nuls en la forme sont-ils nuls ou annulables? — Nuls.

Droit Commercial.

De la lettre de change.

Du protêt. — De la clause : retour sans frais.

Le protêt se rattache beaucoup plus à la provision qu'à la théorie de la lettre de change, dont elle ne fait pas partie essentielle. Cette institution qui a été maintenue en France d'une manière absolue, dans l'étranger, en Angleterre, par exemple, elle est souvent regardée comme inutile. Dans la ville de Londres, notamment, on ne fait jamais protester les traites en souffrance, l'on se contente d'une simple note des banquiers sur laquelle elle est tirée. Cet usage s'est introduit dans les mœnrs anglaises, parce que les banquiers anglais sont en quelque sorte des officiers publics, des *argentaria*, comme aux temps anciens de Rome, des payeurs ou caissiers des commerçants qui tiennent en compte courant avec quelqu'un d'entre eux. Cette coutume paraît être importée en France par quelques grands établissements, tels que la Banque de France. Cependant, on ne l'a pas fait, et le protêt, dans nos mœurs consulaires actuelles, est toujours une formalité indispensable qu'il faut se soumettre à son accomplissement, si l'on ne veut pas s'exposer à de grandes déchéances. Maintenant que nous avons donné un aperçu général de l'origine du protêt en France et à l'étranger, nous devons définir ce que c'est que le protêt.

Le protêt est un acte solennel, fait à la requête du porteur, pour constater et établir, envers et contre tous, que celui sur qui la lettre de change est tirée refuse de l'accepter on de la payer. De là deux espèces de protêt : protêt faute d'acceptation, et protêt faute de paiement. — Le premier est facultatif et si le porteur ne le fait pas, il ne courra aucun danger ; le second, au contraire, entraîne des déchéances s'il n'a pas été fait au jour fixé, le lendemain de l'échéance.

Nous allons à ce sujet examiner successivement, 1o qui peut requérir le protêt ; 2o en quel lieu il faut le faire ; 3o par quels officiers ministériels il est opéré et dans qu'elles formes ; 4o enfin, les conséquences d'un acte irrégulier.

§ 1er. — *Qui peut requérir le protêt?*

Le porteur propriétaire et le porteur mandataire (en vertu de l'endossement portant procuration) peuvent, l'un aussi bien que l'autre, faire faire le protêt. Le simple détenteur pourrait-il requérir le protêt faute de paiement? Les auteurs trouvent la question très grave et sont embarrassés, car ils partent de ce principe faux que le protêt est un commencement de poursuites. Posons une espèce : une lettre de change a été tirée sur Pierre, de Paris, par Jean, de Bordeaux, et des duplicata ont été faits, l'un des exemplaires est destiné à être envoyé à un ami ; Jacques qui fera opérer l'acceptation de la part de Pierre, et l'autre exemplaire sera négocié. Jacques obtient l'acceptation et garde la lettre de change jusqu'au jour de l'échéance ; ce jour-là personne ne se présente pour demander le paiement, des déchéances vont être encourues. Pour rendre service à son ami, Jacques présente au paiement la lettre acceptée, et sur le refus fait protester. Ce simple détenteur aura-t-il le droit de requérir le protêt? Il faut répondre affirmativement, dit l'honorable professeur, M. Dufour ; malgré l'embarras et toutes les rigueurs de la théorie, les cris de la conscience doivent l'emporter. Cette décision est admise aussi par M. Pardessus, mais il ajoute que le détenteur ne pourra faire le protêt en son nom, mais qu'il devra le faire au nom du porteur de l'exemplaire en circulation, du vrai propriétaire de la lettre de change, et invoque en faveur de cette opinion cette vieille maxime : *Nul en France ne peut plaider par procureur.*

Nous n'acceptons pas cet argument, car le protêt n'est pas une poursuite judiciaire, mais simplement un document destiné à établir le non-paiement de la traite. Néanmoins, le protêt fait à la requête du détenteur n'aura pas toujours pour les garants le même effet que lorsqu'il est requis par le propriétaire, si par exemple, le tiré ne paie pas, parce qu'il n'est pas obligé de payer au détenteur.

§ 2. — *En quel lieu le protêt doit-il être fait.*

L'art. 173 porte : le protêt doit être fait au domicile de celui sur qui la lettre de change était payable ou à son dernier domicile connu ; au domicile des personnes indiquées par la lettre de change pour la payer au besoin, au domicile du tiers qui a accepté par intervention.

Les protêts, faute d'acceptation ou de paiement, doivent être faits contre le tiré et signifiés à son domicile. Si ce domicile est inconnu momentanément, les protêts sont signifiés au dernier domicile connu.

Si la lettre de change est domiciliée, c'est-à-dire tirée sur un lieu et payable dans un autre, c'est au domicile du débiteur que le paiement doit être effectué, et comme le protêt doit être fait le lendemain de l'échéance, il faut qu'il soit opéré dans le lieu du paiement.

En cas de fausse indication de domicile, les protêts sont précédés d'un acte de perquisition par lequel l'officier instrumentaire établit qu'il a accompli toutes les démarches nécessaires pour découvrir le domicile de celui auquel le protêt doit être signifié.

Les protêts doivent être faits au domicile des personnes désignées au besoin (173). Ces personnes servent au tireur lorsqu'il craint que le tiré, ne le connaissant pas, refuse de faire honneur à sa signature, c'est que dans la pratique on a appelé ces personnes d'un nom particulier *des besoins*. Cette désignation appartient même, non-seulement au tireur, mais encore aux endosseurs qui ont intérêt à éviter les frais de recours.

Enfin, le protêt faute de paiement doit aussi être fait au domicile de celui qui a accepté par intervention. Nous devons ici faire deux distinctions sur cette matière : si le tiers accepteur est domicilié au lieu du tiré, le porteur devra l'agréer et faire le même jour le protêt à cet accepteur; si au contraire le porteur devait éprouver un préjudice de cette acceptation du tiers intervenant, parce que ce tiers ne serait pas domicilié dans la même ville que le tiré, il pourrait dire je ne veux pas être forcé d'aller si loin, je ne veux pas de votre acceptation ; par suite il n'aurait pas à faire le protêt à ce domicile.

Mais ce n'est pas par plusieurs actes séparés que ces diverses sommations doivent être faites. Un seul et même acte doit les réunir toutes ensemble, et l'officier instrumentaire doit en remettre une copie à chacun des domiciles dont nous venons de parler.

§ 3. — *Par quels officiers ministériels on peut le faire et dans quelle forme?*

L'art. 173, modifié par le décret des 23-26 mars 1848, porte : Les protêts faute d'acceptation ou de paiement sont faits par un notaire ou par un huissier, et disons cependant que le plus souvent ces actes sont laissés aux huissiers et les notaires ne les font presque jamais. Et cependant il est des places où les notaires les font aussi. Puisque les notaires les font, il est évident que le protêt n'est pas un commencement d'instance, mais qu'au contraire c'est un acte destiné à prouver qu'une acceptation n'a pas été fournie, qu'un paiement n'a pas été fait. D'un autre côté, comme il faut se transporter au domicile du tiré, ce que les notaires n'ont pas l'habitude de le faire et croiraient quelquefois déroger en les faisant, par ce motif ce sont le plus souvent les huissiers qui le font.

Formes de l'acte du protêt. — L'article 174 nous indique dans quelle forme se rédigent les protêts.

Les protêts contiennent la transcription littérale de la lettre de change avec acceptations, endossements et recommandations qui y sont indiqués; sommation de payer le montant, énonciation de la présence ou de l'absence de celui qui doit payer, des motifs de refus, impuissance ou refus de signer.

De toutes ces choses quelles sont celles dont l'omission entraîne la nullité? Nous avons établi que le protêt n'était pas un commencement d'instance, et qu'il n'a qu'un but, celui d'établir la preuve du fait. Que doit donc demander le juge? Rien autre chose, sinon que la preuve est suffisamment faite.

Le législateur, sur ce point s'est abstenu. Les auteurs, dans le silence de la loi, ont eu le champ libre, ils ont établi des théories. Nous admettrons qu'il faut arriver à établir la preuve du non-paiement, il suffira qu'on indique que l'on s'est présenté. Il faudra donc qu'il soit certain que c'est telle lettre de change plutôt que telle autre qu'on a refusé de payer, de là copie entière exacte, sans lacunes. Ainsi, si on n'avait indiqué dans la copie que le tireur et deux endosseurs, et que les autres endosseurs postérieurs eussent été omis, le protêt serait valable pour le tireur et les deux endosseurs désignés, mais non pour les autres

La Cour de cassation a consacré ce principe par un arrêt du 14 décembre 1815. On ferait bien cependant de se plier aux usages des diverses places. Il est ici parfaitement vrai de dire : « *Locus regit actum.*

§ 4. — *Les conséquences d'un acte irrégulier.*

Les huissiers chargés de protester sont responsables des dommages qu'ils auront causés par leur faute vis-à vis du porteur, vis-à-vis des tiers, des endosseurs, l'huissier par exemple a fait un acte de protêt irrégulier, le porteur s'en aperçoit, mais comme il a encore la déchéance il écrit à un endosseur : Le protêt a été fait, payez-moi, je vous envoie les pièces pour votre action récursoire; lorsque l'endosseur déconvrira la nullité, aura-t-il action en répétition contre le porteur ? Pour qu'il ait été dans l'impossibilité de vérifier ces pièces, il aura la *condictio indebiti;* mais s'il a payé sur protêt irrégulier, il se sera valablement libéré.

Nous devons nous demander s'il aura une action en dommages intérêts contre l'huissier; on a répondu non, car la nullité, a-t-on dit, n'est pas encourue envers tout le monde. Dans quel tribunal cette action devra être portée? devant le tribunal civil ou devant le tribunal de commerce? Il est évident que l'huissier n'a pas fait un acte de commerce, en signifiant un protêt; or le tribunal de commerce ne connaît que des actes de commerce, le tribunal civil est donc en principe seul compétent, la division des attributions des divers tribunaux exige cette solution ; il faut reconnaître cependant que cette division ne basera pas sur l'équité et la justiee les sentences qui seront rendues.

Pour décider la question, comme le dit très bien l'honorable professeur M. Dufour, ce serait d'appeler devant le tribunal qui statue sur la nullité, et en jonction l'officier ministériel qui serait par là tenu de venir défendre contre la nullité qui est son fait.

De la clause : retour sans frais.

En principe, le prôtêt est un acte indispensable, nul autre ne peut le suppléer (art. 175.) Voyons dans quel cas cette exception pourra être formulée. Je tire une lettre de change sur un banquier qui ne me connait pas, j'ai à craindre que ce banquier se laisse protester ma signature et un protêt quelquefois peut être la cause de la ruine d'une maison importante de commerce. Je veux donc avant tout éviter cet affront. Je donne ordre de ne pas protester ma signature et je le fais en insérant une clause après ma signature, ainsi conçue : Retour sans frais, c'est-à-dire si ma lettre de change n'est pas payée, ne la faites pas protester, ne faites pas des frais inutiles, revenez à moi tireur et je consens à ce que vous ayez encore le droit de m'attaquer, je renonce à toute déchéance. Tel est le sens de cette clause.

Nous allons examiner successivement 1o si cette clause de retour sans frais est permise ; 2o qui pourra la stipuler ; 3o les conséquences de l'opposition de cette clause.

§ 1er. — *La clause de retour sans frais est-elle permise ?*

Le conseil des manufactures pensait qu'elle devait être prohibée, parce qu'elle est dangereuse. Sans doute elle serait bien admise entre deux personnes seulement ou un certain nombre qui l'accepteraient d'avance ; mais pour une lettre de change qui passe en tant de mains, chacun des endosseurs a intérêt à savoir si la traite a été présentée et non payée ; il serait nécessaire qu'il y eût un acte pour le constater. Malgré ces raisons, à cause de l'utilité et de l'avantage qu'elle procure au tireur, cette clause est admise. Il faut reconnaître cependant que par là les endosseurs sont à la discrétion d'un porteur négligent.

§ 2. — *Quelles sont les personnes qui peuvent opposer cette clause de retour sans frais ?*

Le tireur, incontestablement, et il n'y a que lui intéressé et qui puisse avoir la signature compromise et peut-être déshonorée. Mais on a dit : Les endosseurs ont une grande ressemblance avec le tireur, ils sont en quelque sorte des tireurs, on doit donc leur permettre également la clause de retour sans frais.

§ 3. — *Conséquences qu'entraîne la clause de retour.*

Il est nécessaire de distinguer entre le cas où elle émane du tireur et celui où elle émane de l'un des endosseurs. Si c'est du tireur qu'elle émane, il a suffisamment manifesté par là qu'il veut éviter l'affront du protêt ; il a donné ordre de ne pas protester. Si elle émane d'un des endosseurs, quoique le protêt ait été fait, ceux-ci ne peuvent se plaindre, car le porteur et le tireur ne sont pas tenus de subir tous les caprices d'une personne étrangère. Le porteur pourra agir comme si cette clause n'existait pas; seulement, ce sera une faveur pour lui de ne pas encourir la déchéance, et par cela seul que c'est une faveur, il pourra y renoncer. Si c'est au contraire sur le tireur qu'il a compté principalement, il fera protester au jour de l'échéance.

La clause de retour sans frais ne se présente pas toujours expresse et formelle; quelquefois on trouve sur des lettres de change ces simples lettres S. F., ou bien R. S. F. Devons-nous attribuer un sens à ces lettres? Dans ce cas, il faudra toujours faire protester la lettre de change, sans cela le faux serait trop facile; car la difficulté pour le faussaire vient surtout de la liaison des lettres et des mots. Il est permis d'exiger le plus de garantie.

La loi des 7-22 mars, 5 et 14 juin 1850 sur les effets de commerce pour les droits de timbre proportionnels sur les lettres de change, billets à ordre ou au porteur, etc., les a fixés ainsi qu'il suit : à 5 centimes pour les effets de 100 francs et au-dessous; à 10 centimes pour ceux au-dessus de 100 francs jusqu'à 200 francs, et ainsi de suite, en suivant la même progression.

Pour ce qui concerne la clause de retour sans frais, l'art. 8 de la même loi porte : « Toute mention ou convention de retour sans frais, soit sur le titre, soit en dehors du titre, sera nulle, si elle est relative à des effets non timbrés ou non visés pour timbre. » (5 et 14 juin 1850.)

QUESTIONS :

I. La non-mention du refus de paiement annulle-t-elle le protêt ? — Non.

II. Les intérêts dus par suite du protêt doivent-ils se combiner avec le principal pour déterminer le dernier ressort ? – Non.

III. La validité de l'acte de protêt peut-elle être attaquée sous prétexte que l'effet a été présenté par le porteur lui-même, non par le notaire ? — Non.

IV. La validité de l'acte de protêt peut-elle être attaquée, sous prétexte que les notaires auraient gardé devers eux la minute du protêt? — Non.

Droit Administratif.

De la compétence administrative judiciaire en matière de marchés publics.

Les marchés publics forment l'une des branches les plus importantes du contentieux administratif. Ces marchés sont relatifs aux fournitures faites à l'Etat par des compagnies ou simples particuliers, soit aux travaux publics exécutés pour le compte de l'Etat et en son nom.

Il ne faut pas confondre ces deux sortes de marchés : les premiers, que l'on appelle plus spécialement marchés de fournitures, sont placés dans les attributions contentieuses des ministres ; les seconds, désignés sous le nom de marchés publics, sont de la compétence des conseils de préfecture en règle générale.

Les auteurs, et notamment M. de Cormenin, ont confondu tout ce qui est relatif à ces deux sortes de marchés. C'est une erreur qui pourrait, dans l'application, entraîner des difficultés, non pas à cause du caractère du contentieux, car il existe dans les deux espèces, mais ainsi que nous l'avons dit, à cause des juridictions qui doivent prononcer.

On entend par marchés de fournitures ou marchés publics les adjudications passées pour le compte de l'Etat par les ordres et sous l'autorité des ministres. Ces marchés ont nécessairement pour objet des choses mobilières.

Les travaux publics, au contraire, embrassent tous les travaux qui s'appliquent au sol, tels que constructions d'édifices publics, de grande voie de communication, etc., etc., qui sont d'ailleurs entrepris dans un but d'intérêt général; car il ne faudrait pas ranger dans cette catégorie les travaux qui concernent l'Etat considéré comme propriétaire de son domaine privé.

Nous avons dit que dans les deux matières on voit apparaître le caractère du contentieux. Il est facile de s'en convaincre en faisant l'application de la formule si claire, si féconde de notre savant professeur, M. Chauveau.

Qu'il s'agisse, en effet, de travaux publics, d'une adjudication, par exemple, de travaux pour la construction d'une route impériale, nous voyons apparaître tout d'abord l'intérêt général; cet intérêt général attaché à l'existence des grandes voies de communication devient spécial dans la route à construire, surtout lorsque les ingénieurs ont besoin de déposer des pierres sur des propriétés voisines.

Le droit privé existe en faveur de l'adjudicataire qui emploie une partie de sa fortune à la confection des travaux de l'Etat. Enfin, la discussion naîtra entre le droit privé de l'adjudicataire et l'intérêt spécial dont nous avons parlé, par exemple, s'il s'agit d'une indemnité que cet adjudicataire réclamera.

Il en est de même dans les marchés de fournitures que nous appelons plus spécialement marchés publics. Posons une espèce. Il s'agit d'une adjudication de fournitures pour les troupes dont l'Etat réclame l'exécution. L'adjudicataire refuse et il y a lieu d'interpréter le marché. Nous voyons le droit privé de l'adjudicataire qui engage ses capitaux, faisant naître une discussion dans laquelle est en jeu l'intérêt spécial qu'a l'Etat à l'exécution du marché, et cet intérêt spécial émane évidemment de l'intérêt général attaché à la subsistance des armées.

Occupons-nous d'une manière toute particulière des marchés de fournitures ou marchés publics.

Chaque ministre a dans ses attributions ce qui concerne les marchés de son département et se trouve chargé de prononcer en premier ressort sur toutes les questions contentieuses.

Cette compétence des ministres dans notre matière résulte des principes posés par M. Chauveau, d'après lesquels les ministres forment toujours le tribunal administratif ordinaire, lorsque aucune disposition de lois n'a soustrait les affaires contentieuses à leurs juridictions. Elle résulte encore de l'art. 14, n° 2 du décret du 11 juin 1806, qui attribue compétence au conseil d'Etat pour ces matières, mais en appel seulement. Il est vrai qu'un arrêté du 12 thermidor an IX semble désigner les Préfets pour statuer sur les contestations de cette nature, mais cette prétendue compétence des préfets devait être bornée à des actes d'instruction pour préparer la décision du ministre. Enfin, cette compétence est reconnue par presque tous les auteurs et par la jurisprudence constante du Conseil d'Etat.

On peut citer cependant quelques décisions qui viennent contrarier ces principes. Ainsi on a considéré comme marchés de travaux publics de la compétence des conseils de préfecture les traités passés entre l'administration et l'adjudicataire de travaux industriels d'une maison de détention. (15 mars 1829 et 25 novembre 1829).

Le marché passé entre le propriétaire d'une pompe à feu et l'administration pour l'arrosement d'une grande route. (17 octobre 1834).

Les conventions intervenues entre un agent de l'administration chargé de la direction des travaux publics et un particulier qui a fait des fournitures pour la confection des travaux. (3 janvier 1837).

Il est évident que dans toutes ces espèces il ne s'agissait pas de marchés de travaux publics à exécuter sur le sol, mais bien de marchés de fournitures, ainsi que nous l'avons expliqué en commençant.

De la compétence judiciaire en matière de marchés publics.

Les travaux d'intérêt public et les marchés de fournitures dont nous venons de nous occuper peuvent présenter un autre caractère. Ils peuvent donner naissance à des discussions de droits privés, dans lesquels l'intérêt spécial émanant de l'intérêt général, n'est nullement en discussion.

Les difficultés de cette nature bien que contentieuse, ne sont plus du ressort de l'autorité administrative. C'est donc devant les tribunaux judiciaires qu'il faudra les porter.

Ainsi, les fournisseurs adjudicataires envers l'Etat, peuvent avoir des difficultés avec leurs agents sous-traitants ou simples particuliers. Dans ce cas, bien que l'Etat ait intérêt à l'exécution entière et facile du marché conclu, il ne peut néanmoins intervenir entre le fournisseur et le sous-traitant, car son intérêt n'est pas en discussion. C'est une question d'intérêt privé qui s'agite; les tribunaux ordinaires sont donc seuls compétents. C'est ce qui a été reconnu par tous les auteurs et par de nombreuses décisions du conseil-d'Etat.

Il en est de même des discussions qui s'élèvent entre deux ou plusieurs associés fournisseurs (19 décembre 1827.—Des poursuites en paiement de lettres de change souscrites par le sous-traitant au profit du fournisseur ou par celui-ci au profit de ses agents (3 septembre 1808, 23 novembre 1808, etc.)

Notons cependant avec M. Chauveau, que si l'Etat acceptait un cessionnaire à la place de l'adjudicataire ou d'un fournisseur principal, le cessionnaire serait considéré comme ayant traité directement avec l'Etat et soumis à la juridiction administrative. En effet, l'application de la formule du contentieux administratif se ferait sans difficulté ; mais dans cette même espèce les débats entre le cessionnaire et le cédant demeureraient soumis à la compétence des tribunaux ordinaires, puisque ce sont des discussions de droit privé.

Cette Thèse sera soutenue, en séance publique, dans une des salles de la Faculté, le 7 Avril 1859.

Vu par le Président de la Thèse,

DEMANTE.

Toulouse, Imprimerie Troyes Ouvriers Réunis, rue Saint-Pantaléon 3.

www.ingramcontent.com/pod-product-compliance
Lightning Source LLC
LaVergne TN
LVHW021635170726
843501LV00007B/2223

* 9 7 8 2 3 2 9 6 5 5 3 5 2 *